Memoria de eso

JORGE SALCEDO MASPONS

Memoria de eso

bokeh ✳

© Jorge Salcedo Maspons, 2025

© Fotografía de cubierta: W Pérez Cino, 2025

© Bokeh, 2025

Gainesville, FL
www.bokehpress.com

ISBN 978-1-966932-04-8

Bokeh es un sello editorial asociado a Almenara Press

Para mi madre, allá,
para mi padre, más allá,
todos los días de mi infancia.

Cambridge, 2003

Nota

Los poemas de este libro comenzaron a ocuparme durante las navidades del año 2000. Con su frescura original y una profusión de detalles que ignoraba conservar, reaparecieron imágenes y episodios de mi infancia en un fluir que no cesó hasta dos meses más tarde. Me sumergí en esas imágenes con la humildad de un aprendiz, intentando capturar la sensación y el ambiente de mis primeras andanzas y a través de ellas el trasfondo de una trama nacional apenas presentida en mis vivencias de entonces. La huella de ese reencuentro son estos versos sencillos que narran mi edad de oro en un barrio periférico y algo notorio de La Habana. Un barrio que lindaba al oeste con vacas y pedregales, y al este, norte y sur, con los mitos de La Revolución.

JSM
Cambridge, 2021

El palacio de los pioneros

Vivir es ver volver, enseña Luis Rosales,
y hoy vamos al Parque Lenin,
el Palacio de los Pioneros
o no recuerdo qué, y yo soy ingeniero
en te-le-co-mu-ni-ca-cio-nes.
Corriente alterna, corriente directa.
La profesora amable, los corredores amplios
y más amplios aún los barandales
en la terraza, en donde baila el viento.
Yo soy ingeniero en telecomunicaciones
y he jugado pelota, o más bien, cuatro-esquinas,
para matar la espera de la guagua Girón
que me ha traído aquí. Ahora estoy jugando
con un kit de ingeniero,
corriente alterna, corriente directa,
y pensando en los peters y africanas
de los quioscos, a donde quizás vayan
los ingenieros, al final del día,
cumplidas nuestras metas y labores.
El Parque Lenin es un parque hermoso;
la llanura, las cañas, la presa, el anfiteatro...
Pero los ingenieros irán al quiosco más cercano
—¡no vayan a encontrarse con Reinaldo Arenas!—,
comprarán golosinas que no hay en otra parte
sino en el Parque Lenin, el Palacio de los Pioneros
o no recuerdo qué,
corriente alterna, corriente directa,

montaremos de vuelta en la guagua Girón
con la boca y las manos sucias de chocolate
y la conciencia limpia del deber cumplido.
La próxima semana volveremos,
corriente alterna, corriente directa,
en la guagua Girón, al Parque Lenin, para ser ingenieros,
corriente alterna, corriente directa,
con la boca y las manos sucias de chocolate.

La dispersión de la familia

Para Amalia

Ahora recuerdo la casa de mi abuela María, en la ladera de la Loma del Mazo. Íbamos poco a allá, quizás una o dos veces al año, pues la inclemencia del transporte tendía a desanimarnos de emprender cualquier viaje.

No sé si ya antes te he dicho que yo nunca alcancé a conocer a mis abuelos. Yaya, la madre de mi padre, murió cuando yo tenía apenas cuatro años, y mis recuerdos de ella son muy débiles, no creo que valga mencionarlos. Abuela María era entonces el centro mayor de confluencia que tenía la familia, y en su casa nos reuníamos a compartir algún domingo que terminaba hacia la tarde o la noche, entre canciones memorables y bebida de adultos.

Aquello para mí tenía mucho encanto, pero al doblar la esquina, comenzaba la aventura en compañía de mis nuevos y esporádicos amigos –¡no recuerdo ni a uno!– y a esto, ya lo sabes, es imposible resistirse. Me iba a explorar el barrio o a lanzarme en patineta desde lo alto de la loma, a comprar pirulí, melcocha o granizado a alguna casa clandestina, o simplemente a respirar el aire de la ciudad y ver los rostros de su gente.

Uno de estos domingos, regresé en medio de la fiesta y la acabé de golpe. Era mi tía Carmelina, de una voz dulce y bien timbrada, quien cantaba para el embelesado auditorio familiar, y como habían cerrado la puerta del vestíbulo y el embeleso era profundo, opté por tocar el timbre a ver si alguien me escuchaba.

Todo el mundo me escuchó. El sonido del timbre no era el de unas campanillas, sino un chirrido electrónico, penetrante y alarmante, que, para susto mío, no cesó de inmediato al soltar el botón, porque éste quedó hundido, malignamente prolongando aquel sonido espantoso.

Los que antes habían sido algunos rostros familiares, se tornaron diabólicos. Primero, no entendían que aquello era un accidente, y como tras los cristales me veían a mí estupefacto y paralítico, asumían que era yo quien accionaba la chicharra. El canto se detuvo y acudieron mis parientes con gesto nada amigable, y al comprobar que no era yo quien presionaba aquel botón, se descompusieron aún más. No sólo había estropeado la intervención magistral de mi tía Carmelina, sino, ¡también!, el timbre.

Durante varios minutos, no sé si diez o veinte, el timbre siguió sonando y se fue a pique la fiesta. Yo estaba enfermo de vergüenza, culpable y solo, condenado y solo por haber provocado la dispersión de la familia, de un modo irreparable, y sin habérmelo propuesto.

Historia del caballo

Una vez, nos robamos un caballo
que parecía un tren, según unos guasones
del basurero, por donde cruzábamos
camino a las canteras, para nosotros lagos,
en donde veraneábamos por los años setenta.
El basurero, con su olor chamuscado,
era el traspatio de mi barrio,
y los testigos de Jehová
habían ido levantado sus casas
en sus alrededores y recodos,
no sin ciertos detalles memorables,
como aquella covacha cuya pared lateral
era una flor gigante, multicolor, de cartón tabla
del Festival Mundial de la Juventud y los Estudiantes.

Quizás debo aclarar que el basurero
no era un basurero, pero los ángeles del barrio
borramos a pedradas la señalización
que lo advertía y prohibía,
justo en la esquina al final de mi calle,
en donde comenzaba la carretera blanca,
el terraplén calizo que iba hacia las canteras.

Y ahora que menciono las canteras,
debo decir que entre nosotros las piedras
no eran solo motivo de tropiezo,
pues con las piedras fuimos explorando

el universo externo y el universo interno.
La pandilla de niños del barrio era metódica
como un enjambre de termitas
o bibijaguas, que pelaban los árboles,
y a pedradas pelamos los ventanales de cristal
de la casa amarilla, la casa azul, la casa blanca,
todas abandonadas en un enero inmemorial,
y ahora propiedades del ICAIC,
el Instituto Cubano del Arte y la Industria Cinemato-
    gráficos.
Termita Cabezona, dicho sea de paso,
era mi nombre de guerra.
La guerra entre nosotros era un juego realista,
consistía básicamente en caernos a pedradas
los unos a los otros, en bandos enemigos,
aunque eso sí, sin causa,
y al menos en mi caso, sin mayor estrategia.
Pues recuerdo muy bien que la primera vez
que me rajaron la cabeza de una pedrada juguetona,
estaba o creía estar parapetado
detrás de una arequita, frente a la casa blanca,
blanco perfecto yo, a dos metros del asta
de la bandera, que no sé
por qué razón no ondeaba jamás en aquel asta.

Sí, las piedras son las pruebas del delito
de mi infancia, y no voy a ocultarlas.
Piedra contra las vacas y contra las palomas,
piedras contra los postes de la luz
y las bombillas de las lámparas;
piedras para tumbar mangos, caimitos, mamoncillos,

piedras contra carteles, amigos y enemigos.
Claro que yo era el más pequeño del barrio,
dicho sea en mi descargo, o más bien en mi descarga,
y ello quizás me ayude a explicar por qué un día
me vi envuelto en el asalto de Moya, el tractorista,
que iba precisamente rumbo hacia las canteras,
mientras nosotros acabábamos una sesión de tamarindos,
y a falta de una idea mejor, alguien propuso
tirarle a dar a aquel señor lejano, mal encarado e inocente,
y claro, le rompimos la cabeza —no sin cierta sorpresa,
porque Moya llevaba su casco blanco a todas partes.

Lo qué pasó después fue un gran carajo
y vimos a Moya desenfundar su machete
y venirnos encima como un bólido.
La mayoría de mis camaradas
encontraron refugio en las casas cercanas.
Pipo y yo nos zafamos por el trillito que salía
al patio de mi casa, ¡nadie me habrá igualado
corriendo aquel trillito!, bordeamos la casa
y volamos la cerca
para internarnos en el bosque
donde aún había un cafetal
hablando pestes del Cordón de La Habana
—era un bosque intocable, hijo de Celia Sánchez–,
Moya seguía atrás, jugando a los mambises,
nos salimos del bosque y entramos disparados
por el marabuzal, perseguidos aún
y con razón, valga decir, entonces.
Terminamos la fuga camuflándonos
entre las temblorosas ovejas del rebaño

de Enrique Borbonet, viceministro de Educación,
recién llegado por entonces al barrio.

Piedras, basura, tierra y maravillas de mi infancia.
Éramos mataperros, mataperreábamos a diario,
rodeados por la historia, quizás, pero inocentes
de sus entretelones y entresijos.
Y el caballo, en verdad, fue nuestro por un día.
Lo tuve en mi jardín pastando algunas horas,
amarrado al flamboyán más joven. Luego Lalo
se lo llevó de vuelta a donde lo encontró,
no sin antes llevarlo a conocer el barrio.
Y parecía un tren, ¡cosa más increíble!
Era un caballo largo, no muy alto.

Mis amigos creían

Casi todos mis amigos defendían aquello.
Quiero decir, creían. Hablo de mi niñez.
La realidad ante nuestros ojos no era la realidad
sino tan solo un atributo de su creencia, una señal,
y como yo no creía, la realidad era para mí
una papa rellena al final de una cola.

Casi todos mis amigos eran buenos muchachos.
Yo no era un niño malo. Simplemente, no creía.
Esto no tiene nada que ver con Dios, por supuesto.
Los maestros nos enseñaban la inexistencia de Dios
a todos por igual. Ellos creían a los maestros.
Es tan difícil enseñar la inexistencia de Dios
como enseñar su existencia. Y los maestros no eran buenos.
Mis amigos sabían que los maestros no eran buenos
pero para ellos los maestros eran un logro, un símbolo;
para mí, los maestros no eran buenos.

Las arengas eran huecas y a todas luces falsas,
pero mis amigos creían más allá de las arengas.
Como yo no creía, ponía atención a las arengas
y señalaba las incoherencias, las falacias.
No convencía a nadie, mis amigos tenían
los ojos fijos a lo lejos, como quien ve la pampa.

Mis amigos van ahora a la deriva por el mundo.
Su discurso se ha vuelto más intrincado que sus vidas.

Los reconozco por las fobias y los tics persistentes
que ha dejado en su alma la creencia.
Algunos, ciertamente, tienen la dimensión
trágica del héroe a quien los dioses abandonan.
Nadie los convenció de estar en el error.
Se levantaron un buen día sin referente al más allá,
y aunque siguen mirando la realidad por sobre el hombro,
sus ojos están ahora fijos en el vacío.
Su drama es grande; su aventura, increíble.

Y a veces pienso que es muy triste mi situación, pues
    nunca vi
aquella luz distinta que embelesaba a mis amigos.
Vi lo obvio crecer hasta hacerse grotesco,
me quedé en la incoherencia y la oquedad de las arengas
y padecí la destrucción del paisito acogedor
que hicieron nuestros viejos, sin ver de los escombros
levantarse otra cosa que escombros apilados.

Tener razón ha sido como el escarnio tras la ofensa.
No una hazaña imprevista, sino una obscenidad.
Soy el héroe de lo obvio, de lo patente y manifiesto
y a nadie voy a persuadir de mi heroicidad.
Debo decirles a mis amigos que yo tampoco creo en ella,
que me han abandonado las ganas de persuadir,
que la luz para mí fue el roce de sus cuerpos
y el vaho tibio de las palabras dichas contra la niebla,
que la tierra perdida huele a mierda de vaca,
que a mí también me gusta muchísimo ese olor,
que no sé ni me importa cómo huele una estrella.

Memoria de eso

Íbamos a Tarará, la Ciudad de los Pioneros,
cantando coplas cáusticas
sobre nuestros vecinos los sajones,
en la guagua Girón,
de plástico, latón y orgullo patrio.

Dicen los americanos
Dicen los americanos,
Que Fidel usa perfume
Que Fidel usa perfume,
pero no saben que Nixon
pero no saben que Nixon,
hace cola pa' los blumers...
hace cola pa' los blumers...

Teníamos el morbo de estar lejos de casa
por vez primera, a la intemperie
de nuestra propia edad. Eso era entonces.
Teníamos el morbo de estar lejos de casa.

Dicen los americanos
Dicen los americanos
que Fidel usa espejuelos,
que Fidel usa espejuelos,
pero no saben que Nixon
pero no saben que Nixon
come yerba en un potrero...
come yerba en un potrero...

Ahora vivo en casa de mis vecinos, los sajones.
Tengo la sensación de haber sido estafada.
Sólo tenemos una vida, y esas cosas hicimos.
Eso fue nuestra infancia, y ahora es memoria de eso.

El erial

Para Luis Manuel Alonso y Ernesto Morales

Mi primera librería de viejos
fue el closet a la entrada del cuarto de mis padres.
Segregados del mundo y enemigos del tiempo,
allí sobrevivían Kempis y Schopenhauer,
José María Heredia y José Vasconcelos,
Bertrand Russell y Chesterton, el hombre que fue jueves,
un tocadiscos roto y fotos del pasado
reciente, todos bajo una leve
capa de polvo introductorio.

Yo tendría entonces doce o trece años
y aprovechaba el tiempo libre
que me dejaban las masturbaciones
para buscar a Dios entre los anaqueles,
sintiendo el vago horror de mi vitalidad
y mi mortalidad entrelazándose,
todo en mí convergiendo hacia el secreto
en la casa, vacía hacia la tarde.

En estas circunstancias apareció *El erial*,
un libro extemporáneo, probo y edificante
con un trasfondo místico muy a tono con mis años.
«Virtud», «bondad», «plegaria», «miserere» eran voces
fuera del repertorio del hogar y la escuela,
fragmentos de un idioma que hablaron mis mayores

o parientes lejanos vinculados con Dios.
Y como Dios no estaba bien visto entre nosotros,
yo exploraba aquel libro
como quien sintoniza la emisora enemiga
—también sintonizaba la emisora enemiga—,
devoto de lo otro, mártir de la lectura,
con la doble fruición del santo y del hereje.

«Buenos son los viejos libros —leía en *El erial*—
porque solamente los buenos llegan a viejos».
Descifrada la orden y avanzando la trama,
don Luis y yo zarpábamos en busca del tesoro
oculto en dos o tres recodos de La Habana,
la esquina episcopal del Ateneo Cervantes,
la sede céntrica o masónica de Cuba Científica
y el saloncito de La Avellaneda.
Por aquellos pasajes accedíamos al mundo
y al tiempo de los otros,
la calderilla de estudiante de lastre
y la curiosidad de los adelantados.

«Quien sabe ver —leía en *El erial*—,
ve tanto si se inclina sobre el brocal de su pozo
como si escruta el universo constelado».
A mí aquellas lindezas me hacían levitar
en ciegas claridades y abismales alturas,
desde ellas contemplaba a mi entrañable Ernesto
rompiéndose los dientes contra el brocal del pozo
—¡Dale con el brocal!— muriéndose de risa
ante mi portentosa sabiduría de onanista.

«Causa asombro un hombre bueno –leía en *El erial*–
y nadie se avergüenza de su asombro».
Constancio C. Vigil, todavía lo recuerdo.
Todavía me asombra, y a ratos, me avergüenzo.

La hora del trabajo y del estudio

La hora del trabajo y del estudio
es la hora perfecta para el vagabundeo.
La mañana se deja tocar sus piernas juveniles
y se estira a solearse en los portales,
los jubilados deambulan haciendo sus labores,
las calles y los buses se apaciguan.
Se pueden visitar los sitios públicos
y ser turista con conocimiento
de causa, afortunado, en tu país.
La hora del trabajo y del estudio
es la hora perfecta para el vagabundeo.

No digo que esté bien ni que esté mal.
Lo aprendí siendo niño y de mí mismo.
Escapar de la escuela merece una canción.
Llegar a cualquier hora a cualquier parte
es también una forma de religiosidad.
No hay que desafiar las leyes de los hombres
ni las leyes de Dios, escritas en mi cuerpo;
afuera llueve o mañanea el sol
y eso lo explica todo, desde adentro.

Anochece en invierno más temprano
y tu corazón tierno se enternece
viendo alejarse el último racimo
de colegialas. Si te quedas atrás,
verás el aula aún estremecida

con la presencia de los que se fueron,
el pasillo larguísimo, el ruido de una silla
que mueve algún conserje de limpieza,
la pizarra en la que alguien dejó su nombre escrito,
el misterio de un cuerpo ausente junto a otro
y el milagro de un grupo de gente conviviendo.
Todos se han ido, han apagado las luces.
Es la hora perfecta para el vagabundeo.

Mi vida en el Ejército Rebelde

Al frente de mi casa se alineaban los pinos
en cesiones de arpa y delicada danza.
Más allá de los pinos, al cruzar la calle,
estaba el Tecnológico de Química Alimenticia
Ejército Rebelde.
Había estado allí desde el inicio
de los años sesenta, que eran años de guerra
y de preparación para la guerra.
Mis padres, mis hermanos y mi casa
tenían memoria de esos años.
La puerta del jardín tenía un agujero
pequeño y diagonal; el baño de visita,
en la pared opuesta, tenía dos hermosos
agujeros redondos, diagonales, en ambas alas de la puerta,
tras de la cual, por suerte, no había muerto nadie.

El Ejército Rebelde era primeramente
la piscina, el campo de fútbol y el diamante de béisbol
en donde yo seguía la carrera
del *shortstop*, un tal Giraldo González
a quien entonces le decían «la trampa»,
y en donde los jonrones se iban a la Siberia,
que era como llamaban a los albergues de varones
detrás del *centerfield*. Era también un espectáculo
ver jugar fútbol a los angolanos,
y el chapoteo de las guajiritas en la piscina semiolímpica,
porque aquel tecnológico era un *cocktail* de nuevo tipo,

y media Cuba y medio mundo tenían cabida en él;
habían trozos vivos del Sur y Centroamérica,
nicaragüenses, salvadoreños, guatemaltecos, hondureños
con un pasado de pólvora reciente.

El Ejército Rebelde fue la sede por un tiempo del Poder
    Popular,
quiero decir, que allí se reunían los vecinos
de la Circunscripción #14
para hablar de los baches y las demoras del transporte,
mientras los niños correteábamos
por los inmensos corredores laterales
que yo creía idóneos para montar patines.
En pocas y selectas ocasiones, no obstante,
también los niños recibíamos papeles protagónicos;
y es posible que Pipo aún recuerde
que, siendo pioneritos, nos apostaron una vez
como custodios de las urnas
para las elecciones del Poder Popular,
en nuestros uniformes rojo y blanco.
Imagino el efecto de mi inocencia uniformada,
pero lo que recuerdo es que, al volver a casa,
lanzábamos las boinas rojas sobre la cerca
del Ejército Rebelde, una vez y otra vez,
y el viento las traía de vuelta a nuestras manos.

Ahora el Ejército Rebelde lo convirtieron en hotel
y el Tecnológico de Química Alimenticia
lo enviaron al campo. La casa de mis padres
pertenece a un español, y en donde estaban los pinos,
se alza una cerca de cemento de tres metros de altura.
El hotel, me comentan, se especializa en la rehabilitación

de drogadictos extranjeros,
por lo que quizás valga levantar una queja al Poder Popular,
Circunscripción #14,
o infiltrar un comando con los niños del barrio,
entrenados y financiados por la CIA,
a sabotear la instalación.

Yo quisiera ser

El honor vino a mí a los once años.
Isabelita, Carmencita, Magalita e Ileana
habían sido insultadas por los muchachos de la escuela
de retardados mentales, a dos cuadras de allí
donde cursábamos nosotros la primaria.
Había que hacer algo, nos dijimos,
limpiar aquella mancha –no recuerdo
si era piropo obsceno o leve toque de una nalga–
y allá fuimos Emilio, Isuán, Roberto y yo
con el corazón limpio, alto y alerta.

Uno nunca se arrepiente de haber sido valiente,
pero aprende muchísimo intentándolo.
Fuimos directo al albergue de los varones, que estaba
en la calle 206 y esquina 15, en Siboney,
y alguno de nosotros pitó feo
exhortando a los muchachos del albergue
a pagar varonilmente el precio del insulto.
Salieron unos quince o veinte adolescentes,
encantados de vernos por allí,
y luego de una introducción que fue muy breve,
vi a Roberto rodando por la calle,
Isuán, rodando por la calle, y un golpe seco por la espalda
me hizo volverme en busca de mi hora.
El atacante había sido un gordito malévolo
que huía a escabullirse sonriente,
y apenas quise alcanzarlo,

sentí otro golpe tras la oreja y la protesta solidaria
de Isabelita, «sean hombres, den la cara, uno a uno»,
pero aquellos muchachos tenían problemas de conducta
y seguían llegando golpes en todas direcciones.
Aquello duró un poco más de lo aconsejable,
y a la alegría del valor siguió al azoro del naufragio,
y ver correr a Isuán me dio la fuerza que buscaba
para salir huyendo de aquel infierno juvenil
y reencontrarme con la tropa a media cuadra de la escuela,
en donde retocamos la historia hasta aplacarnos.

Sé que el honor en estos casos solo se prueba con la muerte
o algo compatible, como quedarse hasta el final.
El haberlo intentado no es suficiente, por supuesto.
Haber ido muy lejos no es llegar.
Y aquel roce de nalga, piropo obsceno, o lo que fuera
seguirá resonando hasta la eternidad,
expandiéndose en ondas canallescas
y entretejiendo su maraña para atrapar ciudades,
estrellas, nebulosas, ángeles y esperanzas;
dándole a nuestra vida el halo triste de su límite,
la conciencia implacable de no ser
lo que debió haber sido, hasta el absurdo.

La Parada

La parada es el sitio donde paran las guaguas
o debieron parar, hace unos cuantos años.
Y como yo he tenido más paradas que novias,
algunas memorables, quiero explorar ahora
lo que queda de ellas en mi vida,
y hacer el inventario de mi espera.

La primera parada que recuerdo
es la parada al frente de mi casa,
suprimida hace mucho, siendo aún niño,
sin más detalle que un tronco rústico de banco
que fue obra de Molina, el custodio del pozo,
recio y trabado como un tronco él mismo,
muerto de infarto esperando la guagua
que lo traía a su trabajo.

La primera parada de la 32, un poco más cosmopolita,
pues nos llevaba a Miramar y el Vedado
y estaba salpicada por la gracia
de los alumnos de la Escuela de Arte.

La última parada de la 92
en Arroyo Arenas, más pueblo que ciudad,
en donde había un restaurante administrado por las moscas
y a donde vine a parar yo un buen día
en mi primera exploración del mundo,
solo, seis años, con paliza pendiente.

La fila de paradas a la entrada del Náutico,
en donde se embarcaban
expreso a Buena Vista, Marianao y La Lisa
la muerte y su cortejo de muchachos,
los pantalones y las faldas húmedos,
el torso descubierto y veraneado.

La parada al pie de La Colina, a la salida de San Lázaro,
donde aún eran visibles
los garabatos antibatistianos
que hicieron los muchachos de la FEU
en una época mejor.
Y esa otra parada en la terminal de trenes
donde aún eran visibles los rieles del tranvía
que había transitado por La Habana
a principios de siglo —mi abuelo había sido
superintendente de tranvías, me contaba mi madre,
y yo pienso que un tranvía es mejor que una guagua,
me subo sobre el muro para mirar los trenes
y pienso que los muros de antaño son más sólidos,
que no hay en torno mío nadie capaz de hacer una loco-
        motora,
que es difícil seguro cambiar de riel y mucho más,
pienso más, mucho más, porque la guagua se demora.

La parada del Quibú, en donde Jose y yo,
a la salida del gimnasio —7mo. grado— nos sentábamos
a piropear cuanto pasara
y a ver los autos último modelo
saliendo de la tienda para los extranjeros,
sin extrañarnos nunca, que yo recuerde, de que hubiera

tiendas para extranjeros, vedadas para mí,
quizás vedadas para Jose.

La parada de La Estrella, por estos mismos años,
en donde comencé a coger escena,
es decir, a ir colgado de las puertas
y de las ventanillas de los buses,
impresionando a los impresionables,
dando algún interés a la tragedia
y a la agonía del transporte.

Y también, por qué no, la parada a la entrada
de San Agustín, el caserío aquel
sin gracia y sin aceras, polvoriento,
ajusticiado socialmente en las afueras de La Habana.
De aquí salieron los primeros
ancestros del camello, los interconectados,
también de aquí salieron mis sospechas
de que en la arquitectura hay más historia
que en los libros de historia,
de que basta esperar porque la espera es un anuncio,
aunque la guagua se demora, y a veces uno se pregunta
si aún pasa por aquí, o si la habrán desviado.

En donde el hombre del hombre es hermano

> Arriba los pobres del mundo,
> de pie los esclavos sin pan,
> y gritemos todos unidos:
> ¡viva la Internacional!
>
> Himno de la Internacional Socialista

Cuarto grado. Y recuerdo cuatro cosas
dispares. Una, la Makarenko
—aquella joven maestra
improvisada por las estadísticas—
que cruzaba las piernas peludas con cerquillo
marcado más abajo de su falda bermuda
en la clase de ciencias naturales.
El pulcro y decente Caridad Rojas,
quizás el único maestro de la escuela,
negro, ambiguo de nombre
para aquel ignorante que era yo,
prefigurando a Salvador Redonet,
negro, ambiguo de nombre
para aquel ignorante malherido
que fue de mí, al saludar la adultez.
Edgar, mi compañero de fugas escolares,
repartiéndose conmigo las muchachas del aula.
Sandrita, para ti; para mí, Carmen Rosa,
y un día, el comentario extraoficial
de que se había marchado, por qué, sin despedirse.
Carmen Rosa, diciéndome que mejor andar sola

que mal acompañada. La recuerdo después,
cuando, camino a la Universidad,
me la encontraba en el supermercado,
trabajando en la caja contadora,
más sola que la caja contadora,
o en la parada que hay frente al supermercado
donde, sola, esperaba no sé qué
y yo sentía vergüenza, lástima y no sé qué.
Y la Internacional, después de almuerzo,
en tardes doctrinales —la sombra de los mangos
entraba al aula por sus altas ventanas—,
transportándome al reino de los justos,
en donde el hombre del hombre es hermano
y en donde cesa la desigualdad.

¡Oh camaradería y ensueño de cantata
de aquellos escolares en la casa expropiada
a algún pequeño diablo del imperio burgués!

He cantado en las aulas de mi infancia
y he entrevisto el paraíso entre las notas del himno
como solo puede un niño entrever el paraíso.
Y me he dado una ducha de mares y de lagos,
de distancia y camino, de trabajo menudo,
y puedo ver mi infancia con ternura,
el horror, con ternura,
la estafa de mi vida, con ternura.
Y agrego una vez más que el despertar no ha sido
para la rabia y la acritud
—la rabia y la acritud fueron el despertar—
sino para la paz y la sonrisa

dada al sobreviviente, a ambas orillas del dolor,
dada a aquellos muchachos, como una contraseña
de que el juego, ahora sí, se pone interesante.

Flores para Camilo

Hoy no hay escuela.
¡Viva Camilo!
Hoy no hay escuela.
¡Viva Camilo Cienfuegos!

Caminemos. Caminemos.
La escuela hoy es caminar.
Iremos hasta la costa,
tomados de la mano,
de dos en dos, niños, de dos en dos,
a echarle flores a Camilo, que se cayó en el mar.

De dos en dos, preadolescentes,
iremos caminando hasta la costa,
y echaremos nuestras flores en el mar,
en donde dicen que cayó Camilo,
el primer desaparecido de la Revolución.

A finales de octubre, Cuba y el paraíso
se acercan. Vamos, jóvenes, andando,
no se queden atrás. Vamos hacia la costa,
buscando en el tumulto a nuestro amor,
a quien no le daremos estas flores
que son para Camilo, que dicen los rumores
que aparecerá en la Plaza de la Revolución.

A finales de octubre, en 23 y G,

esperando la guagua para volver a casa,
me abordó una mujer y me contó la historia
de Camilo Cienfuegos, otra de esas historias,
que había muerto de bala a manos de un famoso
comandante, que había agonizado
secretamente, dijo, en una sala
del Hospital Militar.

Caminemos hacia el mar. Hoy no hay escuela. Cami-
    nemos.
Flores para Camilo, niños, de dos en dos.
Flores de nomeolvides, flores de nopreguntes.
Cuba y el paraíso, a finales de octubre,
se dan la mano frente al mar.

Mi educación en Cuba fue de lujo

En la casa de la hija de Gerardo Machado
estaba la secundaria Rubén Martínez Villena,
en ello, por supuesto, no había nada de casual,
pero yo era por entonces un asno desgarrado
sin la más mínima noción de toponimia.

Mi escuela era una villa o palacete
suburbano, neoclásico y al clima,
una quinta criolla y una fuente sutil
del más sutil «diversionismo ideológico».
La fachada de la casa daba hacia el lado posterior
y el camino de entrada rodeaba el edificio.
Una vez frente a él, lo primero a la vista
era un pórtico sobrio y una ancha escalinata
que subía hacia la alta y fresca galería
del portal, enlozado en mármol de Carrara;
íntimo y majestuoso, hecho para las fiestas
y para las bienvenidas.

Sobre las siete y media, me comentan,
sonaba el timbre de entrada al matutino. Y al pie
de la escalinata, el himno, la bandera, el director,
la presidenta de la escuela y su lectura vergonzante
de los alumnos ausentistas, impuntuales, perezosos.
Dice la hija de Machado que no nos recibirá.
El gran maestro francmasón atiende a los ingenieros
civiles, hablan de cúpulas y de caminos reales.

Alguien sugiere, de pasada, hacer la Quinta Avenida.
Dicen que este tal Salcedo tiene treinta y tres ausencias
en lo que va de semestre. Yo estoy sentado en el muro
descolorido y rechoncho, al frente de la mansión;
Armando Bravo y Piloto, Carlos El Calvo y los otros
están sentados conmigo, disfrutando la mañana.

A las ocho y media, entramos. A mí me dicen Ocho y
    Media.
Es difícil resistirse a ver el patio interior,
subir al cuarto de Nena y atravesar la terraza
que ocupa media azotea, donde se extiende la fiesta.
Luego, bajar a mi clase favorita. El profesor
que imparte Fundamentos de los Conocimientos Políticos
insiste en que la materia es lo primero –¡él sabrá!
El profesor de Geografía aún no me devuelve a Kempis,
no me lo ha confiscado, me lo pidió para leerlo,
es un viejo cascarrabias y le dicen «Matraquilla»,
yo creo que es un buen tipo, no como esta sibilina
profesora de Inglés que hace más de dos semanas
me quitó el libro de Fritz Perls y no me lo quiere dar
hasta que traiga a mis padres. Voy a traer a Machado
y a un arquitecto italiano, para hacerle un mausoleo;
pero suena la campana, es la hora del recreo,
no hay nada como el espacio abierto, democristiano,
auténtico y liberal.

El jardín del patio grande tiene una cancha de fútbol,
un tiovivo y varios árboles sobrevivientes, estoicos,
que resisten la tortura Rubén Martínez Villena.
Al tiovivo se acerca la profesora de Dibujo Técnico.

Viene a notificarme que he suspendido con ella.
Ahora yo giro suspendido del tiovivo, horizontal
y la fuerza centrífuga me impide responder
como es debido. Estoy cagado. Creo que ella lo nota.
Me pide que la acompañe al cuarto de la sirvienta
de la hija de Machado –es negra, joven y pobre,
llegó hace poco del campo. Estamos a media luz
en su cátedra pequeña, los dos solos. Me reprocha
mi desconsideración; por primera vez la noto
y accedo a hacer lo que me pide: llenar de líneas muy finas
y paralelas diez hojas; separadas por milímetros
las líneas; ella y yo calmándonos, poco a poco, poco a poco.
El próximo año, prometo, vendré a sus clases, maestra.

Al otro lado de la calle, diagonal a la quinta,
está la biblioteca donde jugamos ping-pong;
es una casa moderna más Siboney que el edificio
principal de la escuela. Por estos años, Siboney
ha comenzado a repoblarse sin el más mínimo recato.
La nueva clase se desplaza hacia las viejas casas.
Reacción y revolución cohabitan, me dirá alguien;
yo no lo creo, yo he vivido en época de usurpación.
Me conozco este barrio como la palma de mi mano.
Mi padre, el matemático, mi madre, la secretaria
construyeron su casa en Siboney, con hipoteca.
Ninguno de estos señores ha construido la casa
en donde habitan, ninguno
quiere habitar en las casas que han construido, así es.
Cambian los nombres y los títulos en el registro de la
        propiedad
y ésta es toda la dialéctica y el resumen de la clase

de Fundamentos de los Conocimientos Políticos
que yo estudié en el palacete Rubén Martínez Villena,
flanqueado por mansiones modernas, en Siboney.

Una de estas mansiones, no muy lejos de la escuela,
tiene apostados al frente dos guardias en sus garitas.
No se puede caminar por esta acera. El contén
está pintado de amarillo. Debe de ser una embajada,
pero hay solo una bandera en el jardín: ¡mi bandera!
Desternillado de la risa, mi padre me pregunta
qué embajada será ésa. Es la embajada de Cuba
en La Habana, le respondo, o quizás en Siboney.
Mi padre sigue riéndose. Él nació en el Machadato,
no ha estudiado Fundamentos de los Conocimientos
    Políticos,
sabe mucha matemática y mucha más cibernética
pero ignora la dialéctica de un buen sistema binario,
no tuvo las oportunidades que tuve yo desde niño,
vive desorientado en la nueva sociedad.

Mi amor es radical

El amor de mi vida tiene un hoyito entre las piernas
como las terneritas de la vaquería.
Y no está mal. Solo que no me lo esperaba,
y ahora, bordeando la piscina,
veo sus labios insinuados
en la tela ajustada al calor de su piel,
una niña no más en la hilera de niñas,
y no pienso mirarla en lo que resta de sesión,
no sé por qué, pero no pienso mirarla.

Me pregunto qué hará mi amada con su sexo.
A los catorce años las preguntas
no deberían doler tanto. Es ridículo
que me haga estas preguntas. Esta tarde, mirándola,
mi amada me descubre cuanto no sé de ella.
Y no pienso mirarla en lo que resta de sesión,
sus ojos dulces, su perfil griego, sus cejas,
mi amor siempre comienza por las cejas
que es como un vello espiritualizado.

Mamífera mestiza, canela clara y tibia,
mi amada es como un astro que atraviesa mi órbita
y llena de una luz dulcísima mis venas,
y se ha sentado en el bordillo del corredor inmenso
a la salida de las aulas, para alabar mis ojos,
que no hacen otra cosa que alabar su presencia,
su presencia bañada por esta luz raquítica

de mi amor, mi purísimo amor de baba aérea,
porque no hay cómo que yo pueda mirarla
sin tener que más tarde vendarme la mirada,
tendría que arrancarme los alabados ojos
que no soportan ver, ver, ver
el cuerpo irrestañable de mi amada.

Mi erotismo es de izquierdas, mi amor es radical,
pues yo siempre termino gravitando hacia estas
mujeres de mi tiempo, liberadas, resueltas,
enardecidas por las causas más nobles
de mi tiempo, bronceadas por las luces
de mi tiempo. Yo soy la sombra de mi tiempo,
el espejo en el que ellas se miran un momento
y huyen, como se huye siempre de la mirada
que no hace más que ver, ver, ver,
insoportable, triste mirada de mi tiempo.

Mi amada adolescente sobrevive en Europa.
Han pasado por ella la vida y su función.
De mi azoro no queda sino una opacidad
blanquecina y vidriosa en la pupila del alma,
un hoyito en el polvo elemental, un corte
transversal en la piel, un escozor remoto
que ha cicatrizado finalmente en mi rostro,
caligrafía infantil sobre mi frente,
manchas de tinta sobre la pelambre
de las terneritas de la vaquería,
que ya no he vuelto a ver. Y no quiero mirarla.
Su cuerpo habla un idioma demasiado directo.
Anulado el amor, el polvo estorba.

La escuela al campo

A las 6:00 de la mañana comenzaba la música
en un extremo del albergue, llamando a levantarnos
para una nueva jornada de labores agrícolas:

> Si el trabajo es saludable,
> que viva la enfermedad,
> la-la-la-ra-la-ra-lá,
> que viva la enfermedad.

Lo recuerdo en invierno, fría la amanecida,
el cepillo de dientes colgando de la boca,
la toalla de bufanda, hacia los lavaderos,
botas de agua, tenis, botas rusas, andando
y luego a hacer la cola del desayuno, jarro en mano,
cientos de jóvenes en ropa de trabajo
educativo, superando
la contradicción entre el trabajo
manual e intelectual, cuarenta y cinco días,
cada año por seis años —antes era peor,
me dicen mis hermanos
mayores, más intenso, tres meses cada año,
la caña, Camagüey, más lejos de La Habana—,
para mí, quién lo duda, todo ha sido más fácil,
este fin de semana vendrá mi madre con comida
de casa, en esas jabas tristes de hilo de yute
que ella llena de amor y golosinas.

Penetrar en un surco antes que el sol
para cosechar hojas de tabaco

empapadas aún con el rocío,
es bello, cuando uno lo recuerda.
Pero mientras lo vives es sumamente frío,
y por esta razón, en cuanto puede,
uno desaparece entre los surcos
buscando un claro en donde echarse
a coger sol y maldecir del trabajo,
o se cuela en las vegas dispersas por el campo
—ermitas incensadas, cromos de Vuelta Abajo—
y se acuesta a dormir sobre los cujes
olorosos —aquí
colgarán los Habanos en capullo—
y se duerme o se asoma a la ventana
para ver como Aldonza se desempeña al frente,
recogiendo estadísticas y besos.

Luego, las duchas públicas y su rescabucheo
de rigor. Oyes risas y gritos de gacela
del otro lado de las tejas grises;
el agua enjabonada corre en los albañales.
Tú no te asomas a mirar, tú deseas mirar,
y piensas, sin leer a William Blake,
que quien desea y no actúa engendra pestilencia.

En las noches, el comedor deviene
sala de juegos. Un casino pobre
con mesas de cemento, pero lleno de gente
joven, exuberante de vida y poco más.
Tu amada de esos años juega contigo ahora
y tú le dices, serio, que ya no quieres ser su amigo;
ella, seria, pregunta qué quieres ser entonces,

y a su silencio limpio opones tu silencio
imperdonable, pestilente,
y apaleado por sus ojos huyes al *dancing hall*
improvisado, en donde quizás bailes
con la maestra o con la rubia aquella
de trenzas largas y ojos almendrados
con la que nunca intercambiaste palabra.

El lunes se sabrán los resultados
de la emulación inter-brigadas.
Tu brigada esta vez sobre cumplió
al 1300 por ciento —la matemática es tu fuerte—
y ahora se incorpora a la unidad mecanizada, lo último,
un tractor que pasea diez sillas voladoras
entre los surcos de tabaco.
Trabajaremos sentados
primero; luego, de cada silla colgaremos
los sacos donde debe ir la cosecha
y, boca arriba sobre ellos, trabajaremos acostados.
Los sacos se deslizan por la tierra arenosa
y tú alcanzas las hojas a ambos lados
como alcanzas las olas desde una balsa. El cielo
puede testificarlo. Cuarenta y cinco días.
Cada año por seis años y quizás para siempre
el sabor agridulce de crecer
encuartelado por las circunstancias,
aprendiendo a escardar y a fertilizar plátanos,
a cosechar tomates y a sembrar cebollinos,
con un saldo de amebas y una córnea inservible,
truncada mi carrera de estibador adolescente
por una hernia —es cierto, la operación fue gratis—,

transportado en carretas de hierro congelado
o en caminatas kilométricas a la luz del crepúsculo,
superando la contradicción entre la ciudad y el campo,
disfrutando la historia hasta la biografía,
perplejo por la luz y las cortinas rompevientos
que forman los ensambles de pinos pinareños.
Cuarenta y cinco días. Antes era peor.
Después será por siempre, hasta un buen día.

Círculo Social Obrero Habana Yacht Club

Pudiera ser la circunstancia del mar por todas partes
o el calor elemental, Watson, pero lo cierto
es que al fugarnos de la escuela
terminábamos mojándonos, a menudo en el mar,
que en las mañanas de los días laborables
estaba sosegado, aristocrático.
Así recuerdo el Náutico de mi adolescencia
sobre las diez de la mañana,
pero debo advertir antes de continuar
que el Náutico, el Casino Español y el Habana Yacht
    Club
tienen para mí dos épocas sin mayor relación.
Mi infancia y adolescencia transcurrieron en ellos
como mundos cerrados, sucesivos;
de la mano de mi madre, el primero;
el segundo, a la buena de Dios.

El Náutico de mi infancia era el asombro de la entrada,
el corredor con mar de fondo y el cielo raso de los arcos
abovedados, altísimos, sobre la pista de baile;
las taquillas de madera, espaciadas y oscuras,
la pizzería frente al mar, con su barra en retorno
de granito, su piso de granito,
las banquetas cromadas con los asientos rojos
y las puertas de entrada a la cocina
que quedaban meciéndose
a causa del entra y sale no muy continuo de los camareros

con las bandejas en bandeja, sin jamás tropezarse,
las deliciosas pizzas tostadas en el borde
de un modo que jamás he vuelto a saborear;
madre, hambre y salitre a la salida de la playa.

El Casino Español fue mi escuela de deportes.
Aquí aprendí a nadar cuando tenía cinco años.
Mi madre, desconsolada a causa de mi asma
insipiente, o a lo mejor a causa de mis hombros,
hizo todo lo posible por hacerme nadador.
Era bastante rápido y me llevó a hacer las pruebas
para una escuela especial de natación. Dice mi madre
que nadé con un estilo impecable, pero lento,
mucho más lento que adrede.
Estaba tan insultada que decidió hacerme gimnasta
y fui gimnasta en el gimnasio del Casino Español.
Pero esto fue después. Aún siendo niño, puedo ver
a un lado de la piscina a los adultos jugando
front tennis en las canchas —usaban palas de madera—
y al otro lado, el parquecito con el suelo de arena
y los columpios de metal —tenían forma de barco.

Ahora el Casino Español es un círculo obrero,
pero yo soy gimnasta y puedo entrar, «voy al gimnasio»,
luego entro porque voy a practicar tenis de campo,
ya adentro será fácil irnos a jugar front tennis
o a bañarnos en el mar entre los muelles de antaño
porque la arena se ha ido —¡cómo es posible!— de la playa
y ha cedido su puesto al arrecife, a los cangrejos.
La arena antes llegaba hasta los cocoteros
que estaban precisamente entre el gimnasio y la playa.

Mi memoria de niño me deja ver nuevamente
los lavapiés llenos de arena a la salida del mar.
Mi profesor de gimnástica, el memorable Garcerán,
buceaba en estas playas en busca de sortijas
cubiertas por la arena. Mis ojos de adolescente
me devuelven la terraza que da a los arrecifes,
voy pasando junto a ellos hacia la cafetería
y me tropiezo en el pasillo con dos sexagenarios;
ella ha puesto a un lado el cubo de la limpieza, él la
    atrabanca
contra la pared, y a prisa, se acometen, se entrechocan,
él explora con su lengua la cavidad bucal
de su amante, que se abulta, estoy pasando muy cerca,
no parecen notarme o no quieren notarme,
se arremeten lo mismo, desmandados.
No lo comento con nadie, pero probablemente
veinte años después todavía lo recuerde.

En el invierno, el mar se pica, eso lo sabe todo el mundo.
Pero al salir del gimnasio algunas noches vamos
a zambullirnos en el mar. Los barquitos portugueses
y las aguamalas flotan a nuestro lado, acechantes.
La noche, el mar y el frío son las fronteras de la isla
y aquí se juntan brevemente, eso lo sabe todo el mundo.
Estamos sobre los muelles un tanto destartalados
del Habana Yacht Club, «Círculo Social Obrero
Julio Antonio Mella.» Es cierto, parece un círculo obrero.
Se han pronunciado los muros que separan los clubes
y ahora sólo el mar nos da la libertad de movimiento
para atravesar los límites gremiales de la playa.
A veces vamos por el mar desde la costa del Náutico

hasta la playa del Habana Yacht Club.
El mar siempre nos da nuestra justa medida.
Generaciones de cubanos se han educado frente al mar
gratuitamente, y seguirán educándose.
Un día alcanzaremos la alfabetización
del cien por ciento de la isla, quizás ya estamos cerca,
y viviremos esta poca cosa que somos con decencia,
dejando al mar las marejadas y la solemnidad
con que besan mi mano sus olas en la playa.

Me dicen que antes aquí no podía entrar todo el mundo.
Mi profesor de gimnástica no podía entrar aquí.
Mi profesor de natación no podía entrar aquí.
Aquí, por suerte, ya no existen instituciones racistas.
Aquí ya nadie es esclavo por motivos de color.
Existen blancos y negros, mulatos y mulatas
adornando la playa, reconciliadoramente,
intentando cruzar la cerca, saltar el muro,
empujando en la cola para que se arme el tumulto
y entrar en el molote camuflados de pueblo,
todos unidos, obreros y estudiantes, solidarios,
disfrutando los clubes exclusivos de ayer,
disfrutando el país exclusivo de ayer,
un tanto despintado aquí y allá por el salitre.

Elegía

Mira las hojas caerse. Vete haciendo a la idea.
El barrio es menos nuestro, el viento mueve a lágrimas.
El hombre que arreglaba su jardín, al final de la calle,
no va a sentarse más en el portal, frente al jardín.
Esta es la muerte, familiarizando.
Esta es la muerte, aunque solo parece
la brisa del primer día de primavera.

Mira las hojas caerse.
Cada día conozco más gente que no existe.
Si yo tuviera báculo y barba ensortijada,
me detendría a hablar de las generaciones,
del polvo y de la extraña ceguera del presente.
No voy a hablar siquiera de mi vecino, el que murió,
sino del breve parpadeo del tiempo
y de la brisa, imitando la muerte.

Mira las hojas caerse.
Esta es la muerte, personalizando.
Esta es la muerte, nuevamente en el barrio
como si ya se conociera sus calles
y a cada uno de nosotros, santo y señas.
¡Dónde estará Termita!, se extrañará la muerte
al no verme entre aquellos callejones,
mirando el cedro de la primavera,
reconfortando a los sobrevivientes.

Sobre la penetración

Su nombre mismo delata el mimetismo antillano
y la penetración yanqui en La Habana
durante la República, dirán los historiadores
nuestroamericanos, abriéndose las venas.
Pero eso, por supuesto, nada tiene que ver
con el acontecer menudo de mi infancia.
El Coney Island del que hablo no está en América Latina
ni en el Primer Territorio Libre de América,
sino en la Playa de Marianao, a donde basta
tomar un bus, desde mi casa, que no es mucho,
pues yo vivía en un barrio periférico, lejos de todo
lo demás, pero no del Coney Island.

La historia es lo contrario de la infancia,
y el Coney estuvo ahí para mí desde siempre.
Ha cambiado, yo sé, porque mi hermano
me habla del muñecón que había en la entrada
y también del mosquito, que volaba invertido,
y ahora en la entrada solo está la entrada
y los mosquitos vuelan en torno a mis orejas.
A mi hermano, cuando habla, se le nota la infancia,
dan ganas de enviarlo de vuelta a la niñez
para que pueda terminar de vivirla
ininterrumpidamente, al menos una vez.

El Coney Island, como casi todo
en mi pecadora Habana, es un rezago del pasado.

Pero un niño, ya se sabe, es lo contrario de un panfleto,
y no hace más que entrar al parque
de la mano de su madre, directo al carrusel,
sube a los avioncitos, los carros locos, la estrella,
las sillas voladoras... Todo se mueve y gira
y logra persuadirnos de que nos vamos a algún lado,
como un ensayo, una preparación,
o un curso introductorio sobre la época moderna.

Mi madre, frente a una máquina que simula una autopista
llena de autos, me demuestra que ella sí sabe manejar,
me cuenta de cuando ella y mi padre tenían carro
y, como me lo temía, me repite la anécdota
del día en que una abeja entró en su carro y ella
cambió de pronto hacia el carril contrario
en medio del Malecón.
Y yo pienso que es muy triste pero quizás conveniente
que mi madre viaje en buses, aunque esto nada garantiza;
teniendo yo cinco años, recuerdo que nos caímos
debajo de las ruedas jimaguas de una Leyland,
por suerte los cubanos somos gritos y aspavientos
y el chofer pudo vernos por el retrovisor.
Fue así que nos salvamos.

       Ahora, encantado, voy entrando
en la casa de espejos que hay en el Coney Island.
Mucho antes de entrar fantaseaba con perderme.
Me golpeo en los cristales, me alejo y reaparezco,
doy con gente estupenda de innumerables sonrisas
a las que nunca más volveré a ver, por supuesto;
pongo las manos al frente para ser mis Lazarillos
y sin tropezar con nada, salgo directo a una cola

a ver si alcanzo bombones –chocolate con jalea.
La noche viene cayendo y se encienden las luces
del Coney Island. La montaña rusa
ha comenzado a funcionar y domina todo el parque.
No hay nadie en torno mío capaz de hacer una montaña
    rusa.
No sé quién hizo ésta. La de la Habana Vieja
fue obra de John Miller, el inventor de Cyclone,
la montaña rusa del Coney Island de New York
que, muy contrario a lo que piensas, fue posterior a la
    nuestra
y tiene nombre Caribe. La penetración del Caribe
entre las largas piernas de New York.

Ha pasado algún tiempo y he cumplido doce años.
Ahora monto el pulpo, juego bolos y hockey;
como no soy gallina, subo a la montaña rusa.
Solo quedan tres puestos dispersos en el carro
y yo voy a parar al lado de una becadita
que es solo un uniforme sonriente, me digo
y no está mal para el desastre de la primera vez.
El cinturón de seguridad es una barra de hierro
sobre mis piernas delgadas, movedizas y alertas,
mis ojos escrutinizan los mecanismos de cierre
y siento todo mi cuerpo convirtiéndose en garra.
A la entrada del Túnel del Amor,
la becadita me sonríe. A la salida del túnel
comienza la subida, muy lenta, hacia lo alto
de la montaña –a estas alturas soy un garfio–;
seguimos ascendiendo lentamente, lentamente,
y de pronto el punto muerto de llegar a la cima

y comenzar a caer, que es como verse por dentro.
A toda velocidad, revolucionariamente
caemos en picada entre gritos histéricos
fingidos y reales, hay quien se suelta las manos,
giramos desafiando las leyes de la física
y este tremendo impulso y esta euforia inicial
de la velocidad y del peligro
es lo que va a definirnos por el resto del viaje;
el miedo y la alegría nos aúnan,
nos lanzan unos contra otros fraternalmente, nos con-
    gregan,
somos uno con el carro que sube y baja, gira y vuelve,
la gente desde abajo nos mira embelesada
como yo mismo cuando niño.
                Quizás John Miller sea un genio
al que nos cuesta trabajo reconocer, digo yo.
El aparato es infantil y no lleva a ningún sitio,
pero al llegar al andén, que fue el punto de partida,
ya no somos los mismos. El mito queda atrás,
y bajamos por la rampa hacia la multitud.

Catálogo Bokeh

ABREU, Juan (2017): *El pájaro*. Leiden: Bokeh.

AGUILERA, Carlos A. (2016): *Asia Menor*. Leiden: Bokeh.

— (2017): *Teoría del alma china*. Leiden: Bokeh.

AGUILERA, Carlos A. & MOREJÓN ARNAIZ, Idalia (eds.) (2017): *Escenas del yo flotante. Cuba: escrituras autobiográficas*. Leiden: Bokeh.

ALABAU, Magali (2017): *Ir y venir. Poesía reunida 1986-2016*. Leiden: Bokeh.

— (2019): *Mordazas*. Leiden: Bokeh.

ALCIDES, Rafael (2016): *Nadie*. Leiden: Bokeh.

ANDRADE, Orlando (2015): *La diáspora (2984)*. Leiden: Bokeh.

ARMAND, Octavio (2016): *Concierto para delinquir*. Leiden: Bokeh.

— (2016): *Horizontes de juguete*. Leiden: Bokeh.

— (2016): *origami*. Leiden: Bokeh.

AROCHE, Rito Ramón (2016): *Límites de alcanía*. Leiden: Bokeh.

ÁVILA VILLAMAR, Carlos (2025): *Nueve ficciones*. Leiden: Bokeh.

BLANCO, María Elena (2016): *Botín. Antología personal 1986-2016*. Leiden: Bokeh.

CABALLERO, Atilio (2016): *Rosso lombardo*. Leiden: Bokeh.

— (2018): *Luz de gas*. Leiden: Bokeh.

CALDERÓN, Damaris (2017): *Entresijo*. Leiden: Bokeh.

CASTAÑOS, Diana (2019): *Yo sé por qué bala la oveja mansa*. Leiden: Bokeh.

— (2019): *The Price of Being Young*. Leiden: Bokeh.

COLUMBIÉ, Ena (2019): *Piedra*. Leiden: Bokeh.

CONTE, Rafael & CAPMANY, José M. (2019): *Guerra de razas. Negros contra blancos en Cuba*. Leiden: Bokeh, colección Mal de archivo.

DÍAZ DE VILLEGAS, Néstor (2015): *Buscar la lengua. Poesía reunida 1975-2015*. Leiden: Bokeh.

— (2015): *Cubano, demasiado cubano. Escritos de transvaloración cultural*. Leiden: Bokeh.

— (2017): *Sabbat Gigante. Libro primero: Hojas de Rábano*. Leiden: Bokeh.

– (2018): *Sabbat Gigante. Libro segundo: Saigón*. Leiden: Bokeh.

Díaz Mantilla, Daniel (2016): *El salvaje placer de explorar*. Leiden: Bokeh.

Espinosa, Lizette (2019): *Humo*. Leiden: Bokeh.

Fernández Fe, Gerardo (2015): *La falacia*. Leiden: Bokeh.

– (2015): *Notas al total*. Leiden: Bokeh.

Fernández Larrea, Abel (2015): *Buenos días, Sarajevo*. Leiden: Bokeh.

– (2015): *El fin de la inocencia*. Leiden: Bokeh.

Ferrer, Jorge (2016): *Minimal Bildung. Veintinueve escenas para una novela sobre la inercia y el olvido*. Leiden: Bokeh.

Gala, Marcial (2017): *Un extraño pájaro de ala azul*. Leiden: Bokeh

Galindo, Moisés (2019). *Catarsis*. Leiden: Bokeh.

Garbatzky, Irina (2016): *Casa en el agua*. Leiden: Bokeh.

García, Gelsys (2016): *La Revolución y sus perros*. Leiden: Bokeh.

García, Gelsys (ed.) (2017): *Anuncia Freud a María. Cartografía bíblica del teatro cubano*. Leiden: Bokeh.

García Obregón, Omar (2018): *Fronteras: ¿el azar infinito?* Leiden: Bokeh.

Garrandés, Alberto (2015): *Las nubes en el agua*. Leiden: Bokeh.

Gómez Castellano, Irene (2015): *Natación*. Leiden: Bokeh.

Guerra, Germán (2017); *Nadie ante el espejo*. Leiden: Bokeh.

Gutiérrez Coto, Amauri (2017): *A las puertas de Esmirna*. Leiden: Bokeh.

Hernández Busto, Ernesto (2016): *La sombra en el espejo. Versiones japonesas*. Leiden: Bokeh.

– (2016): *Muda*. Leiden: Bokeh.

– (2017): *Inventario de saldos. Ensayos cubanos*. Leiden: Bokeh.

Herrera, José María (2025): *La musa política*. Gainesville: Bokeh.

Hondal, Ramón (2019): *Scratch*. Leiden: Bokeh.

– (2020): *La caja*. Leiden: Bokeh

Hurtado, Orestes (2016): *El placer y el sereno*. Leiden: Bokeh.

Jesús, Pedro de (2017): *La vida apenas*. Leiden: Bokeh.

Kozer, José (2015): *Bajo este cien*. Leiden: Bokeh.

– (2015): *Principio de realidad*. Leiden: Bokeh.

LAGE, Jorge Enrique (2015): *Vultureffect*. Leiden: Bokeh.

LAMAR SCHWEYER, Alberto (2018): *Ensayos sobre poética y política. Edición y prólogo de Gerardo Muñoz*. Leiden: Bokeh, colección Mal de archivo.

LUKIĆ, Neva (2018): *Endless Endings*. Leiden: Bokeh.

MARQUÉS DE ARMAS, Pedro (2015): *Óbitos*. Leiden: Bokeh.

MIRANDA, Michael H. (2017): *Asilo en Brazos Valley*. Leiden: Bokeh.

MORALES, Osdany (2015): *El pasado es un pueblo solitario*. Leiden: Bokeh.

– (2018): *Zozobra*. Leiden: Bokeh.

– (2023): *Lengua materna*. Leiden: Bokeh.

MÉNDEZ ALPÍZAR, L. Santiago (2016): *Punto negro*. Leiden: Bokeh.

PADILLA, Damián (2016): *Phana*. Leiden: Bokeh.

PEREIRA, Manuel (2015): *Insolación*. Leiden: Bokeh.

PÉREZ, César (2024): *La capital del sol. Tragicomedia en tres actos*. Leiden: Bokeh.

PÉREZ CINO, Waldo (2015): *Aledaños de partida*. Leiden: Bokeh.

– (2015): *El amolador*. Leiden: Bokeh.

– (2015): *La isla y la tribu*. Leiden: Bokeh.

– (2019): *Apuntes sobre Weyler*. Leiden: Bokeh.

PONTE, Antonio José (2017): *Cuentos de todas partes del Imperio*. Leiden: Bokeh.

– (2018): *Contrabando de sombras*. Leiden: Bokeh.

PORTELA, Ena Lucía (2016): *El pájaro: pincel y tinta china*. Leiden: Bokeh.

– (2016): *La sombra del caminante*. Leiden: Bokeh.

– (2020): *Cien botellas en una pared*. Leiden: Bokeh.

QUINTERO HERENCIA, Juan Carlos (2016): *El cuerpo del milagro*. Leiden: Bokeh.

RODRÍGUEZ, Reina María (2016): *El piano*. Leiden: Bokeh.

– (2018): *Poemas de navidad*. Leiden: Bokeh.

SAUNDERS, Rogelio (2016): *Crónica del decimotercero*. Leiden: Bokeh.

STARKE, Úrsula (2016): *Prótesis. Escrituras 2007-2015*. Leiden: Bokeh.

SÁNCHEZ MEJÍAS, Rolando (2016): *Mecánica celeste. Cálculo de lindes 1986-2015*. Leiden: Bokeh.

Timmer, Nanne (2018): *Logopedia*. Leiden: Bokeh.

Valdés Zamora, Armando (2017): *La siesta de los dioses*. Leiden: Bokeh.

Vega Serova, Anna Lidia (2018): *Anima fatua*. Leiden: Bokeh.

Villaverde, Fernando (2016): *La irresistible caída del muro de Berlín.* Leiden: Bokeh.

– (2016): *Los labios pintados de Diderot.* Leiden: Bokeh.

Williams, Ramón (2019): *A dónde.* Leiden: Bokeh.

Wittner, Laura (2016): *Jueves, noche. Antología personal 1996-2016.* Leiden: Bokeh.

Zequeira, Rafael (2017): *El winchester de Durero.* Leiden: Bokeh.

– (2020): *El palmar de los locos.* Leiden: Bokeh.

www.ingramcontent.com/pod-product-compliance
Lightning Source LLC
Chambersburg PA
CBHW022032080426
42733CB00007B/812